Mi Vecindario

La escuela

Aaron Carr

www.av2books.com

Visita nuestro sitio **www.av2books.com** e ingresa el código único del libro.
Go to www.av2books.com, and enter this book's unique code.

CÓDIGO DEL LIBRO
BOOK CODE

K995522

AV² de Weigl te ofrece enriquecidos libros electrónicos que favorecen el aprendizaje activo. AV² by Weigl brings you media enhanced books that support active learning.

El enriquecido libro electrónico AV² te ofrece una experiencia bilingüe completa entre el inglés y el español para aprender el vocabulario de los dos idiomas.

This AV² media enhanced book gives you a fully bilingual experience between English and Spanish to learn the vocabulary of both languages.

Spanish

English

Navegación bilingüe AV²
AV² Bilingual Navigation

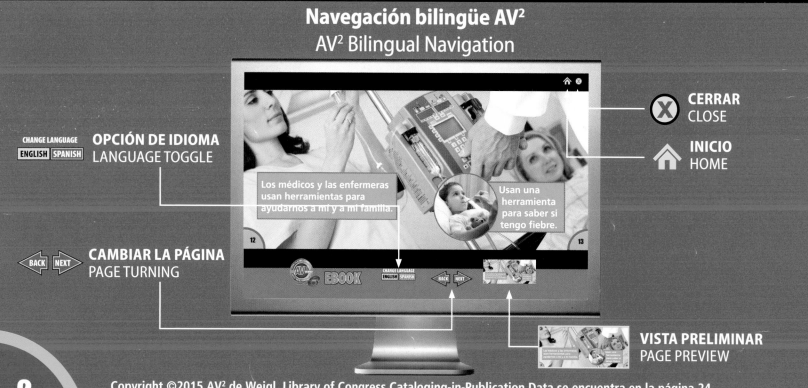

CHANGE LANGUAGE
ENGLISH SPANISH

OPCIÓN DE IDIOMA
LANGUAGE TOGGLE

CAMBIAR LA PÁGINA
PAGE TURNING

Los médicos y las enfermeras usan herramientas para ayudarnos a mí y a mi familia.

Usan una herramienta para saber si tengo fiebre.

CERRAR
CLOSE

INICIO
HOME

VISTA PRELIMINAR
PAGE PREVIEW

2

La escuela

CONTENIDO

Este es mi vecindario.

Mi escuela está en mi vecindario.

Voy a la escuela para aprender.

En la escuela veo a mis amigos y maestros.

Mi maestro me ayuda a aprender.

Aprendo a leer, escribir y a hacer matemáticas.

Mi escuela tiene muchas herramientas que me ayudan a aprender.

Los pizarrones, libros y computadoras son algunas de las herramientas que utilizo.

En el salón de clases tengo un escritorio en el que puedo hacer mis tareas.

También escucho historias y hago manualidades.

Mi escuela tiene un gimnasio grande.

Allí corro y practico el deporte.

También voy al gimnasio para escuchar hablar a las personas de mi vecindario.

Mis padres vienen al gimnasio para verme en obras y conciertos.

A veces, mi escuela realiza eventos para las personas de mi vecindario.

$.50

$1.50
per slice

Mi escuela realiza ventas de pasteles, bailes y juegos deportivos.

Puedo hacer muchas cosas divertidas después de la escuela.

Puedo jugar en un equipo de deportes o unirme a un club de la escuela.

Comprueba lo que has aprendido acerca de los maestros y las escuelas.

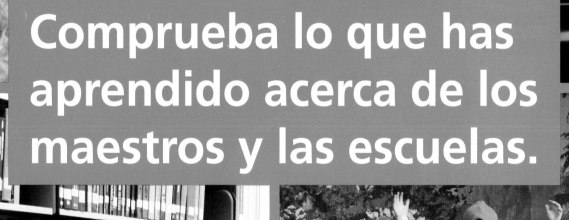

¿Cuál de estas imágenes no muestra una escuela?

¡Visita www.av2books.com para disfrutar de tu libro interactivo de inglés y español!

Check out www.av2books.com for your interactive English and Spanish ebook!

(1) Entra en www.av2books.com
Go to www.av2books.com

(2) Ingresa tu código
Enter book code

K995522

(3) ¡Alimenta tu imaginación en línea!
Fuel your imagination online!

www.av2books.com

Published by AV² by Weigl
350 5th Avenue, 59th Floor New York, NY 10118
Website: www.av2books.com   www.weigl.com

Library of Congress Control Number: 2014933354

ISBN 978-1-4896-2192-4 (hardcover)
ISBN 978-1-4896-2193-1 (single-user eBook)
ISBN 978-1-4896-2194-8 (multi-user eBook)

Printed in the United States of America in North Mankato, Minnesota
1 2 3 4 5 6 7 8 9 0 18 17 16 15 14

042014
WEP280314

Project Coordinator: Jared Siemens
Spanish Editor: Translation Cloud LLC
Designer: Mandy Christiansen

Every reasonable effort has been made to trace ownership and to obtain permission to reprint copyright material. The publishers would be pleased to have any errors or omissions brought to their attention so that they may be corrected in subsequent printings.

Weigl acknowledges Getty Images as the primary image supplier for this title.